AF363573

ISABELLE

COMTESSE DE PARIS

PARIS

AU BUREAU DU COMITÉ ROYALISTE

—

1889

ISABELLE

COMTESSE DE PARIS

ISABELLE
COMTESSE DE PARIS
REINE DE FRANCE

A son aspect charmant et de Reine et de Femme,
A l'aimable regard, au sourire enchanteur,
On pressent les trésors que renferme son âme
Toujours compatissante à l'humaine douleur.

Son peuple le sait bien ; la couronne de France
Est faite pour son front doux et fier à la fois !
Dieu, qui donne aux Élus le charme et la puissance,
A comblé de ses dons la Fille de nos Rois !

D'un règne glorieux voyons-y le présage ;
Son esprit sûr et droit, son jugement si sage,
Recherchant l'ami vrai, fuyant le courtisan,
Feront vite oublier ce triste et vieil adage
Qu'un poête adressait aux puissants d'un autre âge :

« Le flatteur qui nous perd est mieux venu souvent
» Que l'ami qui nous sauve en nous désapprouvant. »

Mot profond ! mais cruel ! et que son cœur dément

ISABELLE

COMTESSE DE PARIS

PARIS

AU BUREAU DU COMITÉ ROYALISTE

—

1889

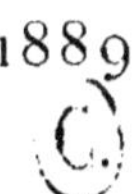

Troyes, — Imp. Dufour-Bouquot.

ISABELLE

COMTESSE DE PARIS

L'opinion publique se préoccupe, à juste titre, de connaître Madame la Comtesse de Paris qui vient, par divers actes, de montrer toute sa sollicitude pour les intérêts de la cause royaliste.

Nous avons cherché le portrait le plus vrai de la Princesse, celui qui retrace avec une exactitude absolue les points saillants de son caractère.

Nous ne pouvons faire mieux que laisser parler l'éminent auteur de ces pages éloquentes — haute personnalité royaliste, qui éclaire la voie, qui a toujours vu juste et dit vrai, et dont le parti s'honore.

✣

« …. Aujourd'hui que Madame la Comtesse de Paris nous a quittés, nous pouvons rendre un public hommage — nous qui la connaissons si bien — aux qualités éminentes qui la distinguent et qui font de la Princesse une femme hors ligne, autant par sa valeur personnelle que par la situation si élevée qui lui appartient légitimement à tant de titres.

Madame la Comtesse de Paris est certainement la femme la plus complète qu'on puisse rencontrer ; — Elle a tous les charmes et toutes les qualités.

Dans un salon, personne n'a plus grand air. — Une taille élevée et bien prise ; une tournure d'une élégance et d'une distinction extrêmes. Des yeux brillants, dont l'éclat change avec une mobilité qui donne à sa physionomie un attrait toujours nouveau ; et sur ses lèvres, qui laissent voir les plus belles dents du monde, un joli sourire, qui est le signe d'une humeur égale et enjouée.

La Princesse est excellente musicienne. Elle chante à ravir, et sa voix dans la conversation a un timbre harmonieux qui retentit agréablement aux oreilles.

Partout on dirait d'elle ce mot si parisien : « C'est une femme charmante. »

Son instruction est profonde et variée. Son

esprit est vif — primesautier — éminemment français. La réplique toujours prompte — juste — et merveilleusement appropriée aux circonstances et aux personnages.

Dans son intérieur, c'est une maîtresse de maison exceptionnelle.

Elle a un art pour faire arranger toutes choses; un esprit d'organisation qui fait que d'un coup-d'œil elle juge ce qui est nécessaire pour faire réussir, jusque dans les plus petits détails, les fêtes les plus prolongées.

A l'habitude de la vie, elle sait tout le fonctionnement d'un établissement royal ; elle a vite aperçu si quelque chose manque à l'ordre accoutumé. Aussi, le château d'Eu était-il justement renommé, pour la grande tenue de la maison, des écuries, des jardins.

Monseigneur le Comte de Paris, occupé des importantes affaires du pays et de ses nombreuses relations politiques, avait laissé Madame la Comtesse de Paris régner dans son intérieur, et jamais royaume ne fut mieux conduit.

Aimant la chasse et les chevaux, tirant à merveille, montant à cheval dans la perfec-

tion, Madame la Comtesse de Paris trouvait
— secondée par une santé de fer et une acti-
vité incessante — le temps de remplir tous ses
devoirs de famille, avec une touchante sollicitude.

Elle nourrissait elle-même ses enfants, et
au milieu d'une chasse, un relai préparé lui
permettait d'aller accomplir, près d'un petit
enfant, les obligations que sa tendresse lui
avait imposées, et de reprendre ensuite sa
place dans une battue. Des chevaux blancs
d'écume prouvaient seuls, aux chasseurs, que
le cœur de la mère l'avait emporté sur le
plaisir de la chasse.

Dans ces joyeux rendez-vous de forêt, où
Monseigneur le Comte de Paris conviait tous
les environs, personne n'était plus agréable
que Madame la Comtesse de Paris.

Elle avait un mot aimable pour chacun.
Elle savait mettre tout le monde à l'aise, en
gardant cette suprême distinction, ce je ne sais
quoi, qui établit instinctivement une infran-
chissable distance dans les relations que com-
portaient ces réunions de disciples de Saint-
Hubert de toutes provenances, dont elle par-
tageait les plaisirs.

Mais ce qui distinguait surtout Madame la Comtesse de Paris, ce qui la faisait aimer de tous, c'était son inépuisable charité.

Les larmes du peuple qui coulaient sur son passage, — lors de son départ, — étaient la récompense des bienfaits sans nombre répandus par sa main royale !

Le peuple avait compris son cœur.

Elle connaissait, par leur nom, toutes les familles pauvres des environs. Elle savait leurs besoins. Jamais un prêtre, une bonne sœur, jamais le maire d'une ville ou d'un village, n'a fait connaître une misère, sans que Madame la Comtesse de Paris ne la secourût.

Voilà le portrait incomplet de la femme, de la vraie Reine dont nous pleurons l'absence !

Dieu veuille, pour la France, qu'elle puisse déployer sur le Trône toutes ces qualités si rares !

Nous retrouverons chez elle l'incomparable charité de la Reine Marie-Amélie et le courage admirable dont la Duchesse de Montpensier, sa mère, a donné l'exemple au milieu de ces catastrophes publiques qui sont la pierre de touche du caractère et du cœur des hommes comme des femmes.

Madame la Comtesse de Paris, à l'occasion, j'en suis convaincu, se souviendrait de ce trait de courage de sa grand'mère la Reine Christine.

C'était pendant une de ces révolutions d'Espagne qui agitèrent la minorité de la Reine Isabelle; la Reine Christine devait quitter Madrid : Une foule hostile entourait son Palais, et, au moment où elle allait monter en voiture, cette foule hurla :

« Meurte à la Christina ! »

« Mort à Christine! »

La Reine, s'arrêtant sur les marches du perron, regarde bien en face cette foule agitée, et avec une dignité royale et un courage qui imposa, lui dit ces seuls mots :

« Soy la Reina madre ! »

« Je suis la Reine mère ! »

Son attitude et ces mots impressionnèrent la foule qui resta silencieuse un instant, puis lui répondit par le cri de :

« Viva la Reina ! »

« Vive la Reine! »

tant il est vrai que le fameux : *Si forte vi•
rum quem compexere... silent* des anciens est
vrai.

Les foules comprennent les gens de cœur.

Madame la Comtesse de Paris serait la
compagne aimée du Roi de France. Elle
a son cœur et son courage.

Les vœux de notre pays la suivent sur la
terre d'exil, et, si le château d'Eu est fermé, le
cœur des habitants est ouvert pour elle et son
souvenir y sera toujours vivant. »

Nous venons de mettre sous les yeux du Peuple
français le portrait de la Comtesse de Paris. Il lui
prouvera que, si des orages politiques menacent
la France, appuyée sur le courage et le caractère
viril de son auguste époux, elle n'aura rien à
redouter ; elle aurait d'ailleurs l'énergie nécessaire
pour être à la hauteur de toutes les situations; nous
pouvons avoir confiance en elle.

Il a régné sur la France une Princesse dont elle

occupera la place sur le Trône; son caractère admirable, qui grandit chaque jour aux yeux de la postérité, nous montre combien elle fut supérieure à tous les évènements dont elle devint la victime.

Elle expia noblement et courageusement les généreuses faiblesses d'un Roi dont le martyre fait excuser le règne.

Elle a montré aux journées d'octobre, comme au 10 août, comme plus tard devant le Tribunal révolutionnaire, que dans les veines de la Reine Marie-Antoinette coulait le sang de Marie-Thérèse.

De nos jours, une autre Princesse a eu le vrai sentiment de la démarche qui devait sauver et le Trône et la France; c'est lorsque Madame la Duchesse d'Orléans voulait aller chercher au milieu de l'armée française l'asile que lui offrait la terre étrangère !

Hélas ! les Princes sont trop souvent entourés de conseillers aveugles, qui, aux moments critiques, neutralisent et leur courage et leur résolution.

Cette année, où l'on va fêter l'anniversaire de la sanglante tragédie commencée en 89, et où fut inscrite la date funeste de 93, il ne nous paraît pas hors de propos de rappeler que la Reine Marie-Antoinette fut toujours pour les résolutions énergiques, et que si ses inspirations avaient été suivies, le Roi aurait pu mourir comme un Roi, l'épée à la main, mais son sang n'aurait pas rougi l'échafaud, et l'infortunée Reine n'aurait pas fini sa vie au milieu des tortures et des humiliations qui excitent l'indignation et la pitié les plus légitimes.

Lorsque les républicains enregistrent les victoires des vainqueurs de cette époque, ils oublient que leurs lauriers ont été cueillis bien facilement, en face d'un Gouvernement qui ne voulait pas se défendre ! !

La lettre du Roi Louis XVI, que nous publions, est une page d'histoire, sur laquelle peuvent méditer les Princes comme les peuples.

Les illusions, les espérances, les meilleures intentions, tout cela est emporté par les évènements, comme des feuilles mortes, quand les souverains oublient que, recevant du ciel une couronne, ils ont aussi reçu une épée pour la défendre, et pour défendre en même temps les intérêts moraux et matériels qui leur sont confiés.

Prions ! prions pour la France ! !

Un groupe de Femmes royalistes.

LETTRE DU ROI LOUIS XVI

A Monsieur le Cte D'ESTAING,

Commandant la Garde nationale de Versailles.

Vous voulez, mon Cousin, que je me prononce dans les circonstances critiques où je me trouve et que je prenne un parti violent, ou que je m'éloigne de Versailles.

Quelle que soit l'audace de mes ennemis, ils ne réussiront pas; le Français est incapable d'un Régicide.

C'est en vain qu'on verse l'or à pleines mains, que le crime et l'ambition s'agitent, j'ose croire que le danger n'est pas aussi pressant que mes amis se le persuadent.

La fuite me perdrait totalement et la guerre civile en serait le funeste résultat. Me défendre ? Il faudrait verser le sang des français; mon cœur ne peut se familiariser avec cette affreuse idée.

Agissons avec prudence; si je succombe, je n'aurai nul reproche à me faire.

Je viens de voir quelques membres de l'Assemblée, je suis satisfait; j'ose attendre qu'il s'opérera une heureuse révolution dans les esprits.

Dieu veuille, mon Cousin, que la tranquillité publique soit rétablie. Mais point d'agression, point de mouvement qui puisse laisser croire que je songe à me venger, même à me défendre.

LOUIS.

Versailles, 5 Octobre 1789 (7 h. du soir).